LA RÉALITÉ
COPIE CONFORME

Pièce en trois actes

Pour regarder la pièce théâtrale :
La réalité
Copie Conforme

Veuillez utiliser le code QR.

Dr. Sultan bin Mohammad Al-Qasimi

LA RÉALITÉ

COPIE CONFORME

Pièce en trois actes

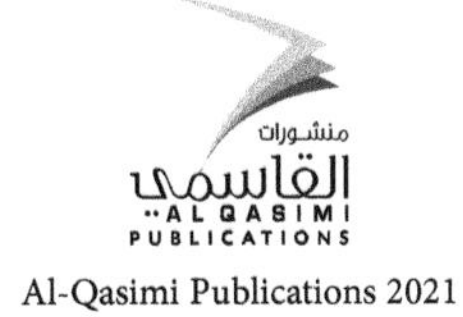

Al-Qasimi Publications 2021

Titre du livre : LA RÉALITÉ COPIE CONFORME
«Al-wâqi': sura tibq al-asl» 2001
Nom de l'auteur : Dr Sultan bin Muhammad Al-Qasimi
Nom de l'éditeur : Al-Qasimi Publications, Sharjah, Émirats Arabes Unis
Année de publication : 2021

Traduit de l'arabe en français par: Khalifa Soua

Distribution : Al-Qasimi Publications, Sharjah,
P.O. Box 64009
B.P. 64009 Sharjah, Émirats Arabes Unis
Téléphone : +971 6 50 90000 Fax : +971 6 55 200 70
Website: www.alqasimipublications.com
Email: info@aqp.ae
Sharjah, Émirats Arabes Unis

ISBN 978-9948-24-018-1
Autorisation d'impression : Conseil national des médias Abou Dhabi
No. MC 03-01-2706456, Date : 15-03-2018
Imprimerie : AL Bony, Sharjah, Émirats Arabes Unis
Groupe d'âge: E

Panneau de couverture : Sheikha Hoor bint Sultan Al Qasimi

Sommaire

Préface

La communauté musulmane a traversé des périodes plus dures que celle que nous vivons actuellement. Que cette pièce nous donne une raison pour ne pas désespérer, et une motivation pour la lutte et l'unification...

L'auteur

Les personnages de la pièce

(Par ordre d'entrée en scène)

Acte I : Scène première

- Une voix off
- Pierre l'Ermite
- L'hôte
- Deux Maghrébins : Ali, Ahmad Cheikh Muhammad
- Un 1er homme
- Un 2ème homme
- L'auxiliaire du patriarche Simon Le muezzin appelle à la prière Le patriarche Simon

Acte I : Scène 2

- Une voix off
- Le pape Urbain II
- Le prêtre
- Pierre l'Ermite

- Le 2ème prêtre
- Des chefs et des princes
- Des groupes d'hommes, de vieillards,
- de femmes et d'enfants :
- Le 1er groupe
- Le 2ème groupe
- Le 3ème groupe
- Le 4ème groupe
- Un âne boiteux Les groupes

Acte II : Scène première

- Une voix off
- Un groupe de musulmans Une voix off
- Abû Sa'îd Al-Harawî : *grand cadi de Damas Quelques notables*
- Sulaymân
- Pierre l'Ermite
- Un groupe de soldats :
- L'un d'eux
- Cheikh Muhammad Un autre soldat
- Une personne
- Al-Mustazhir-bi-Allâh Le notable
- Un réfugié palestinien
- Les soldats abbassides

Acte II : Scène 2

- Une voix off

- Al-Musta'lî-bi-Allâh
- Le prêtre
- Les notables
- Un des notables Le médecin
- Le chambellan
- Al-Afdhal al-Jamâlî
- L'enfant
- Un des notables Des citoyens
- Des soldats

Acte II : Scène 3

- Une voix off
- Le prédicateur
- Le juge Ibn al-Khashâb Un groupe d'Alépins
- La garde
- Les domestiques
- Un groupe d'orants
- Un 1'orant
- Un 2ème orant
- Le calife, émir des croyants Le sultan Muhammad

Acte II : Scène 4

- Des soldats
- Ibn al-Khashâb
- L'Alépin
- L'homme

- Une voix off
- Une personne (L'assassin)
- Premier groupe
- Deuxième groupe

Acte III : Première scène

- Une voix off
- Des jeunes de Jérusalem :
- Ibrahim. Issa Une voix off
- Balian
- Des soldats croisés
- Un des soldats
- Saladin
- Les chefs militaires de Saladin Le commandant de ces chefs Les soldats de Saladin
- Le groupe de soldats
- Le patriarche latin Héraclès L'un des chefs
- La jeune fille française
- Un muezzin appelle à la prière

Acte III : Scène 2

- Une voix off
- Ibrahim (homme d'âge mur)
- Issa (homme d'âge mur)
- L'annonceur
- Shamsal-Dîn : juge de Naplouse L'empereur
- La suite de l'empereur et les habitants de Jérusalem

- L'un des habitants
- Des appels à la prière
- Une voix off
- Les soldats francs
- Le 1er groupe de chrétiens
- Le 2ème groupe (les templiers)
- Le 3ème groupe (les nobles)
- Le groupe des habitants de Jérusalem

Acte III : Scène 3

- Une voix off
- Le 1er vieillard
- Le 2ème vieillard
- Les musulmans khwarizmis
- Le 1er groupe d'hommes
- Le 2ème groupe d›hommes
- Le chef du 1er groupe d'hommes
- Le chef du 2ème groupe d›hommes
- Les habitants de Jérusalem
- Les soldats francs :
    - Un Franc
    - Un deuxième
    - Un troisième

ACTE I

Scène première

Lever du rideau

Une voix off : La ville de Jérusalem. L'an 486 hég. / 1033 ap. J.-C.

(A droite de la scène, une plaque est accrochée portant l'inscription « Quartier des Magrébins ». A gauche, une maison sur la porte de laquelle est accrochée une plaque portant l'inscription «Patriarche de la villa de Jérusalem ». La ville de Jérusalem, vue d'un chemin situé au milieu de l'arrière-plan de la scène)

(Deux hommes entrent en scène : L'un est Pierre l'Ermite, la principal prédicateur de la première croisade. C'est un homme petit, chétif, très brun, visage laid; pieds nus, et portant des vêtements râpés. L'autre homme est l'hôte de Pierre, un juif dont les cheveux, retombent sur les deux côtés du visage. Pierre était sur le point de frapper à la porte de la résidence du patriarche, quand l'hôte l'en empêche et dit):

L'HÔTE : Attendez... Un des auxiliaires du patriarche arrivera bientôt... Asseyons-nous ici.

(Les deux hommes s'assoient à proximité de la porte)

L'HÔTE : Pierre... Je vous ai accordé l'hospitalité et je vous ai hébergé chez moi. Vous m'avez questionné sur tout ce qui concerne les chrétiens... et les autres. Mais vous n'avez pas répondu à ma question sur l'objet de votre séjour ici, ce que vous comptez y faire. Chaque fois que je vous pose cette question, vous me renvoyez à plus tard. Vous avez procédé à des investigations personnelles, comme vous les appelez... Maintenant, je vois que vous insistez pour avoir une entrevue avec Simon, le patriarche de Jérusalem. C'est un homme pieux qui craint Dieu. Qu'attendez-vous de lui ?

PIERRE : Je désire m'entretenir avec lui au sujet des conditions de vie actuelles à Jérusalem. Et j'espère en obtenir une lettre demandant aux rois et aux princes occidentaux de venir au secours des chrétiens.

L'HÔTE : Je suis juif, mais dans mon for intérieur, je reconnais le Christ.

PIERRE : Je dépends du pape Urbain II. Il est d'origine juive. Il s'est converti au Christianisme et s'oppose au pape Clément III de Rome.

L'HÔTE : Simon, le patriarche de Jérusalem, est lié à l'Eglise de Rome par le voisinage et la parenté. Je vous prie de ne pas lui dire que vous venez de la part d'Urbain II... Maintenant, je vous laisse. Je dois vaquer à mes affaires.

(Deux maghrébins entrent sur scène, épuisés de fatigue. Pierre, tapi près de la porte, tend l'oreille pour écouter leur conversation) AHMAD : *(Désignant la plaque « Quartier dès Maghrébins »)* : C'est ça le quartier...

ALI : *(Suivant son ami Ahmad)*: Ahmad... Nous avons cherché longtemps le quartier des Maghrébins ; nous y sommes maintenant. Nous sommes fatigués, reposons-nous donc un peu... Je ne peux plus marcher.

(Les deux, maghrébins déposent leurs effets près de la plaque «Quartier des Maghrébins»... Entre un homme digne qui les salue et se présente):

L'HOMME : Je suis cheikh Muhammad, chargé de veiller sur les Maghrébins en visite à Jérusalem. Et vous deux, qui êtes-vous ?

AHMAD : Je suis Ahmad, du Maroc ; mon compagnon Ali est de Tunisie.

CHEIKH MUHAMMAD : Comment vont les musulmans au Maghreb ?

AHMAD : Au Maghreb, gloire à Dieu, nous vivons dans la dignité et la fierté. Nous remportons continuellement des victoires. Yûsuf ibn-Tâshfin a franchi le détroit de Gibraltar vers l'Andalus à la tête de vingt-cinq mille combattants. Les rois des Taïfas se sont joints à lui, avec vingt-cinq mille autres combattants. Ces forces ont affronté les troupes d'Alphonse VI, roi de Castille... Et les musulmans ont remporté une éclatante victoire à la bataille d' al-Zallâqa.

ALI : Cheikh Muhammad... Et en Orient, les musulmans, comment vont-ils ?

CHEIKH MUHAMMAD : Ici la situation n'est pas réjouissante... Nous vivons dans un état d'anarchie politique, économique et dogmatique... Nous avons deux califats... l'un à Bagdad et l'autre au Caire, en perpétuel conflit... La situation intérieure est mauvaise... Les califes sont les otages de leurs armées... Ils font la guerre pour semer des dissensions, afin d'exploiter le peuple et d'accaparer le pouvoir, et non pour défendre leurs peuples contre les injustices et l'agression étrangère.

AHMAD : Pourquoi les sages musulmans ne proposent-ils pas leur médiation pour réconcilier les deux califats ?

(A ce moment, deux hommes entrent avec empressement à la recherche de quelqu'un. L'un d'eux tient un gros bâton en main)

LE 1er HOMME : Il est encore ici... Il ne s'est pas éloigné de cet endroit !

LE 2ème HOMME : Le voilà caché ici ?

LE 1' HOMME : C'est lui qui nous espionnait... N'étiez-vous pas en train de nous espionner ?

(Le deuxième homme lève son bâton pour frapper Pierre... Celui-ci s'enfuit et se cache derrière cheikh Muhammad)

PIERRE : Cheikh Muhammad, protégez-moi !

LE ler HOMME : Cheikh Muhammad, ne vous en mêlez pas !

CHEIKH MUHAMMAD : Il est sous ma protection. Laissez-le ! Il a cherché asile auprès de moi, et je lui accorde ma protection.

(Le bâton touche la tête du cheikh Muhammad et le blesse au front...)

(Ali et Ahmad crient):

ALI : Qu'avez-vous fait ?

AHMAD : Attrapez-le... Ne le laissez pas s'enfuir.

ALI et AHMAD : Arrêtez-vous !... Arrêtez-vous !...

(Les deux agresseurs s'enfuient... L'auxiliaire du patriarche sort de la résidence de ce dernier...)

L'AUXILIAIRE DU PATRIARCHE : *(S'interrogeant)* Qu'est-ce que c'est que ce tapage ?

(Il voit avec inquiétude le sang couler du front de cheikh Muhammad)

L'AUXILIAIRE DU PATRIARCHE : CheikhMuhammad, laissez-moi vous soigner et panser votre blessure...

(Il court vers la résidence du patriarche et rapporte une fiole de

médicament. Il panse la blessure de cheikh Muhammad, puis se tourne vers Pierre et l'interroge):

L'AUXILIAIRE DU PATRIARCHE : Qui êtes-vous ?

PIERRE : Je suis Pierre l'Ermite. Je suis venu du pays des Francs pour prier à Jérusalem...

L'AUXILIAIRE DU PATRIARCHE : Qu'attendez-vous ici ?

PIERRE : Je désire rencontrer le patriarche.

L'AUXILIAIRE DU PATRIARCHE : Un instant...

(Cheikh Muhammad, avant de partir, remercie l'auxiliaire du patriarche Simon et dit):

CHEIKH MUHAMMAD : Je vous remercie pour les soins que vous m'avez donnés. Transmettez mon salut au patriarche Simon... Allons-nous-en, frères.

(Cheikh Muhammad et les deux Maghrébins quittent la scène. L'auxiliaire du patriarche regagne la résidence de celui-ci, puis il revient et dit à Pierre qui attendait dehors):

L'AUXILIAIRE DU PATRIARCHE : Veuillez entrer pour rencontrer le patriarche Simon.

(Pierre, accompagné de l'auxiliaire du Patriarche, entre dans la résidence du patriarche. On entend l'appel à la prière dans Jérusalem. Des gens de tous âges s'empressent pour aller prier. Ils traversent la scène des deux côtés et empruntent le chemin qui mène à Jérusalem... Lorsque l›appel à la prière prend fin, la porte de la résidence du patriarche s'ouvre pour laisser sortir le patriarche Simon, son auxiliaire et Pierre)

LE PATRIARCHE : Vous êtes un sage, Pierre... Vous possédez une expérience variée concernant plusieurs questions et une capacité de convaincre par la parole et par l'action.

PIERRE : Vénérable Patriarche... je n'ai pu retenir mes larmes quand vous décriviez les conditions de vie du peuple de Dieu à Jérusalem ; et lorsque je me souviens de vos paroles, je pleure à chaudes larmes.

(Pierre commence à pleurer; Simon lui tapote l'épaule. Pierre le regarde et lui dit avec plus de sérieux):

PIERRE : Que pourrait-on faire pour trouver le moyen de vous soulager des difficultés qui vous assaillent ?

LE PATRIARCHE : Pierre... Notre Seigneur, Clément et Miséricordieux, ne nous accordera guère sa miséricorde, en raison des péchés qui nous accablent puisque nos fautes ne sont pas encore absoutes...

PIERRE : Sachez, vénérable Père, que si l'Eglise à Rome et les rois en Occident disposaient d'un informateur avisé et digne de foi dont la mission serait de leur faire connaître tous les malheurs que vous endurez, ils auraient certainement tenté d'y remédier... C'est pourquoi il convient que vous écriviez vous-même au Grand Pape, à l'Eglise de Rome et aux princes de l'Occident. Apposez sur cette lettre votre sceau sacerdotal afin de lui donner plus de crédit... et j'accomplirai moi-même cette mission... Confiant en Dieu, je suis disposé à leur rendre visite à tous et à les supplier d'agir. Je leur apporterai, avec zèle, mon témoignage sur votre situation dramatique et je les exhorterai tous à y porter remède sans tarder.

(Les visages du patriarche Simon et de son auxiliaire rayonnent de joie. Le Patriarche dit à Pierre):

LE PATRIARCHE : J'écrirai cette lettre. *(Il se tourne vers son auxiliaire et dit)*: Apportez-moi une feuille, une plume et un encrier. *(Ensuite, il s'adresse à Pierre et dit)* : Je vous remercie pour votre compassion... Que Dieu vous protège !

PIERRE : Je suis le serviteur du Seigneur... Pour le salut de mon âme, je n'hésiterai pas à remplir cette mission.

(L'auxiliaire du patriarche revient avec le nécessaire pour écrire. Le patriarche Simon rédige la lettre et la signe. Puis, il sort de sa poche le sceau sacerdotal et l'appose sur la lettre)

LE PATRIARCHE : Tenez, Pierre... Voici la lettre que vous avez demandée...

PIERRE : *(S'adressant au patriarche)*: Je vous remercie infiniment, vénéré Patriarche.

(Le patriarche et son auxiliaire regagnent la résidence. Pierre reste seul sur scène, content... Il tourne sur lui-même en criant et en agitant la lettre)

PIERRE : Urbain... J'ai obtenu la lettre... Je rentrerai avec la lettre dans ma poche...

(En tournoyant, il dirige son regard vers Jérusalem, lève son index et commence à crier sur un ton menaçant):

PIERRE : Je reviendrai, ô Jérusalem... pour purifier les lieux saints !... Je reviendrai, ô Jérusalem... pour purifier les lieux saints !...

Extinction des Lumières.

On entend sonner des cloches, et des chants religieux s'échappant d'une église.

Scène 2

On entend des chants religieux provenant d'une église.

Une voix off : Le Concile à Clermont. L'an 1095.

(Le pape Urbain II s'assoit près d'une table ; il tient en main quelques feuilles enroulées... C'est un homme grand et attirant, visage orné d'une jolie barbe, avenant, très affable. Un prêtre se présente et lui dit :

LE PRÊTRE : Gloire au Seigneur !... Vous voilà revenu, Votre Sainteté... Je craignais que la foudre de l'empereur romain ne s'abatte sur vous dans le Sud de l'Italie, où vous vous êtes rendu pour rencontrer Pierre de retour de Jérusalem...

LE PAPE URBAIN II: J'étais inquiet jusqu'à mon arrivée à Bari, au sud de l'Italie... Là, j'ai rencontré Pierre qui m'a remis cette lettre.

(Il montre rouleau de feuilles qu›il tenait en main)

LE PRÊTRE : Où se trouve-t-il, Pierre, actuellement ?

LE PAPE URBAIN II : Il s'en est allé exhorter le peuple à libérer Jérusalem.

LE PRÊTRE : Pourrais-je lire la lettre ?

LE PAPE URBAIN II : Je vous en prie, faites donc...

(Il lui remet la lettre enroulée. Le prêtre la lit avec attention, puis il dit):

LE PRÊTRE : Cette lettre est adressée au pape, à Rome.

LE PAPE URBAIN II *(En colère)*:C'est moi le pape !... Il n'existe aucun autre pape !...

LE PRÊTRE : Mais le pape de Rome est Clément III...

LE PAPE URBAIN II : Qui est-ce ? Ce Clément III est le commerçant Guibert de Ravenne, l'antipape...

LE PRÊTRE : Mais il est nommé par Henri IV, l'empereur d'Occident à Rome...

LE PAPE URBAIN II : Demain, je serai élu pape et je trônerai sur le Saint-Siège de l'Eglise de Rome.

(A ce moment, Pierre entre. Il salue le pape Urbain II et le prêtre. Ensuite, entre un autre prêtre qui, après avoir demandé la permission du pape Urbain II, annonce):

LE 2ème PRÊTRE : Le concile est réuni... Les évêques et les princes sont tous présents... Que Votre Sainteté veuille s'asseoir.

(Le pape Urbain II, Pierre et le prêtre s'avancent et s'assoient sur les sièges qui donnent sur la cour de l'église. Le pape se lève, la croix en main, et dit):

LE PAPE URBAIN II : Evêques... Princes... Nos frères qui vivent à Jérusalem traversent une épreuve ! Leur lettre que nous apporte le vénérable Pierre, présent parmi nous, traduit leurs malheurs et leurs souffrances...

(A cet instant, Pierre se lève et salue lassistance dun signe de la tête)

LE PAPE URBAIN II : Le Seigneur a plus aimé les portes de Sion que toutes les demeures de Jacob. Mes amis, armez-vous ! Ceignez vos reins de vos épées... Et partez !... Que le Seigneur soit avec vous ! Je dis à ceux qui sont accusés de vol, d'incendie de maisons de manière préméditée, de pillage, de meurtre ou d'autres crimes de même nature, et qui en conséquence ne gagneront pas le Royaume de Dieu : offrez au Seigneur une obéissance agréable et satisfaisante, de telle sorte qu'il soit possible que vos œuvres pieuses rachètent vos péchés. Que les princes et les chefs se présentent pour les décorer de l'insigne de la croix, témoin de leur foi et symbole de leur prochain pèlerinage !

(Le pape s'occupe à décorer les princes et les chefs de l'insigne de la croix. A gauche de la scène, Pierre accueille les gens qui entrent par le côté droit pour s'engager dans l'armée des croisés, y compris des femmes, des enfants et des vieillards...

Un premier groupe de gens entre. Pierre leur demande):

PIERRE : Que voulez-vous ?

PREMIER GROUPE : Nous voulons rejoindre le convoi, afin de ne pas abandonner nos amis.

(Pierre les pousse vers le convoi, à la sortie, du côté droit de la scène. Un autre groupe de gens entre. Pierre leur demande):

PIERRE : Et vous... Que voulez-vous ?

DEUXIEME GROUPE : Nous voulons rejoindre le convoi pour ne pas être considérés comme des apostats.

(Pierre les pousse vers le cortège. Un troisième groupe de gens entre et Pierre leur demande):

PIERRE : Et vous... Que voulez-vous ?

TROISIEME GROUPE : Nous voulons rejoindre le convoi parce que nous sommes lourdement endettés.

(Pierre les pousse vers le convoi. Un quatrième groupe de gens entre et Pierre leur demande):

PIERRE : Et vous... Que voulez-vous ?

QUATRIEME GROUPE : Nous n'en savons rien.

(Pierre les pousse vers le convoi et les accompagne lui-même... Il revient sur scène, du côté droit, pieds nus, portant une grande

croix et conduisant un âne boiteux... suivi par une foule composée de femmes d'enfants et d'hommes, dont certains sont des vieillards. Il se dirige vers le côté gauche en pleurant et se lamente en arrachant les poils de sa barbe)

PIERRE : A Jérusalem ! Vengeance ! Récupérez le Saint-Sépulcre !...

(La foule suit en criant) :

LA FOULE : A Jérusalem ! A Jérusalem !

Extinction des Lumières.

ACTE II

Scène première

Avant le lever du rideau.

Une voix off : Les troupes de Pierre l'Ermite sont anéanties... Les croisés marchent sur Constantinople... Les croisés envahissent la Syrie du Nord ... Le calife d'Egypte dépêche des ambassadeurs aux croisés. Il leur propose de conclure un traité de paix et cherche à gagner leur amitié... Les croisés occupent Antioche, sur le fleuve Oronte... Les croisés marchent sur Jérusalem... Le gouverneur de Tripoli dépêche aux croisés une délégation pour mener des négociations de paix... La paix est intervenue entre Tripoli et les croisés... Vendredi, 22 du mois Cha'bân, 492 de l'hégire, correspondant au 15 juillet 1099, les croisés occupent Jérusalem...

(Le rideau se lève sur un groupe de musulmans qui pleurent, se

lamentent et se frappent. Les femmes répandent de la te terre sur leurs têtes)

LE GROUPE DE MUSULMANS : Ils ont occupé Jérusalem ! Jérusalem est sous le joug des Francs... Oh ! Quel malheur frappe l'Islam ! Oh Islam !...

Rideau.

Une voix off : L'assemblée du calife al-Mustazhir-biAllâh à Bagdad. Ramadan, l'an 492 de l'hégire, correspondant au mois d'août, l'an 1099 ap. J.-C., un mois après la chute de Jérusalem.

Lever du rideau

(Entre Abû Sa›îd al-Harawi, le grand cadi de Damas, crâne rasé -signe de deuil, barbe touffue; derrière lui: une foule de gens, jeunes et vieux, qui répètent bruyamment chacun de ses mots et expriment, comme lui, leur défi)

ABÛ SA'ÎD AL-HARAWÎ : Acceptez-vous L'humiliation et l'avilissement ?

(Quelques dignitaires tentent de le calmer, mais il les repousse d'un geste méprisant. Il s'avance avec fermeté et détermination au milieu de la scène, en criant):

ABÛ SA'ÎD AL-HARAWÎ : Je suis Abû Sa'îd al Harawî... le grand cadi de Damas... Je suis venu de Damas, en compagnie de ces réfugiés palestiniens qui y sont arrivés portant le

Coran, le Livre Sacré de l'Islam. Ils sont les rares rescapés des habitants de Jérusalem ! Je les ai accompagnés pour qu'ils rapportent par eux-mêmes les circonstances du drame qu'ils ont vécu il y a un mois. Venez Sulaymân... Racontez-leur ce qui s'est passé...

SULAYMÂN : C'était un vendredi, le 22 du mois écoulé... Après un siège de quarante jours et après avoir tué les défenseurs de la ville, les croisés donnèrent l'assaut final. Ils attaquèrent la ville de tous les côtés. Ils s'en allèrent par les rues, épées ou glaives à la main. Ils tuèrent tous ceux qu'ils rencontrèrent, n'épargnant ni femme ni enfant, pillant les maisons et détruisant les mosquées.

(A cet instant, le rideau de l'arrière-plan s'ouvre sur la ville de Jérusalem où l'on voit des soldats parcourir les rues, et tuer tous ceux qu'ils rencontrent. Une fois les rues vides de tout être vivant, mais jonchées de cadavres, les soldats se regroupent. L'un d'eux dit) :

UN SOLDAT : Fêtons cette victoire !

UN AUTRE SOLDAT : Attendez... Attendez... Je vais chercher celui que nous devons fêter.

(Le soldat part, puis revient accompagné de Pierre montant son âne et tenant à la main une bouteille de vin. Il en boit une gorgée et dit):

PIERRE : Réjouissez-vous et buvez de ce vin, comme ici vous avez bu de leur sang.

(Un corps, étendu à l'extrémité de la scène, bouge. Un soldat se lève, le pousse et le fait rouer avec son pied; un autre soldat vient le seconder; tous rient aux éclats. Soudain, le corps se redresse, s'assoit face à Pierre, et l'on découvre qu'il s›agit de cheikh, Muhammad, le vieillard chargé des intérêts des Maghrébins à Jérusalem. Il dit):

CHEIKH MUHAMMAD : Pierre... Je suis cheikh Muhammad, l'homme qui vous a défendu contre vos agresseurs, lorsque vous étiez à Jérusalem, devant la résidence du Patriarche. J'ai reçu les coups de vos agresseurs et donné mon sang pour vous protéger. L'avez-vous déjà oublié ?!

(Joignant le geste à la parole, il lui montre la cicatrice qu'il porte au front, témoignage de cet épisode).

PIERRE : Cheikh Muhammad... Ha ! Ha ! Ha ! Ha !

(Pierre remplit sa bouche de vin et le recrache au visage de cheikh Muhammad... Les soldats se bousculent pour déverser des bouteilles de vin sur cheikh Muhammad qui répète):

CHEIKH MUHAMMAD : J'en demande pardon à Dieu!... J'en demande pardon à Dieu!... J'en demande pardon à Dieu !...

(Les soldats se poussent. Chacun dit):

LES SOLDATS : C'est moi qui le tue ! C'est moi qui le tue ! C'est moi qui le tue !...

(Pierre s'avance, saisit l'épée d'un soldat, fait mine de vouloir défendre cheikh Muhammad en disant):

PIERRE : Non, aucun de vous ne le tuera !

(Les soldats s'interrompent tout étonnés. Puis, Pierre plonge lui-même l'épée dans le corps de cheikh Muhammad en disant):

PIERRE : Je le tue moi-même ; je le tue moi-même.

(Cheikh Muhammad s'écroule. Les soldats font cercle autour de sa dépouille, portent Pierre en triomphe, dansent et rient...

A cet instant, entre un homme, vêtements maculés du sang qui dégouline de ses mains, les jambes ensanglantées... Il rit aux éclats et dit):

L'HOMME : Nous avons exterminé tous ceux qui étaient dans les maisons, les mosquées et les rues: hommes, femmes et enfants, au nombre de soixante-dix mille. Ensuite, nous avons pris d'assaut la mosquée Al-Aqsâ. Nous avons tué tous ceux qui y faisaient la prière et tous les musulmans qui s'y étaient réfugiés. Nous les avons tués tous. Ha ! Ha ! Ha !

(Le rideau de l'arrière-plan de la scène descend lentement, tandis que l'assistance autour de Abû Sa›îd al-Harawi sanglote et se lamente. Alors Abû Sa'îd al-Harawî s'avance en criant):

ABÛ SAID AL-HARAWÎ : Que ferai-je de vos larmes, alors que les épées et les glaives des croisés massacrent les musulmans ?! J'ai fait le voyage de Damas à Bagdad durant trois semaines. Nous avons enduré les fatigues de ces jours d'été, sous un soleil brûlant, non pas pour apitoyer mais pour informer les autorités musulmanes de la catastrophe qui s'est abattue sur les croyants, et les inciter à intervenir pour mettre fin à ce carnage. Jamais les musulmans n'ont subi autant d'humiliations...

(Le calife abbasside al'-Mustazhir-bi-Allâh, un jeune homme de vingt ans, teint blanc, petit de taille, visage rond, jovial- même en colère- s'avance et dit):

AL-MUSTAZHER-BI-ALLAH : Ce qui s'est passé à Jérusalem m'attriste, et je compatis à vos malheurs. En conséquence, j'ai pris la décision de créer un comité composé de six hauts dignitaires de la cour - nous l'appellerons comité des sages - chargé d'enquêter sur ces événements affligeants.

(A ce moment, Abû Sa›îd al-Harawi s›indigne. Il se tourne vers l'un des dignitaires et dit):

ABÛ SA'ÎD AL-HARAWÎ : Où est le sultan Barqyârûq ? Conduisez-moi à lui, afin que je lui demande de préparer son armée pour reconquérir Jérusalem.

LE DIGNITAIRE : Le sultan Barqyârûq mène une guerre contre son frère Muhammad au nord de la Perse...

ABÛ SAÎID AL-HARAWÎ : Quelle comédie... Quelle comédie !

UN REFUGIE : Nous irons en Egypte, chez le calife fatimide al-Musta'lî-bi-Allâh.

UN DIGNITAIRE : Préféreriez-vous le calife fatimide à l'émir des croyants, le calife abbasside al-Mustazhir-biAllâh ?! Arrêtez-les ! Interrogez-les ! Ce sont des agitateurs infiltrés !

(Les soldats abbassides poussent violemment dehors Abû Sa›îd al-Harawi et ses compagnons...)

ABÛ SA'ÎD AL-HARAWÎ ET SES COMPAGNONS :

Dieu est grand... Oh ! Quel malheur frappe l'Islam ! Oh Islam !...

(Ils partent. Al-Harawi dit):

ABÛ SAID AL-HARAWÎ : Il n'y a de force et de puissance qu'en Dieu... Il n'y a de force et de puissance qu'en Dieu...

Extinction des Lumières.

Scène 2

Une voix off : L'assemblée du calife fatimide alMusta'lî-bi-Allâh au Caire...

17, Safar, l'an 495 de l'hégire / 10 décembre, 1101 ap. J.- C.

(Le calife s'assoit entouré des dignitaires du Caire... Le chambellan entre et annonce):

LE CHAMBELLAN : Le prêtre, délégué des chrétiens de Jérusalem...

(Le prêtre entre portant une croix. Il salue le calife qui le fait asseoir à ses côtés...)

LE PRÊTRE : Calife... Nous sommes venus vous prier de délivrer Jérusalem de cette abominable occupation imposée aux Lieux- Saints par les Francs.

AL-MUSTA'LÎ-BI-ALLÂH : Nous avons essayé de nous entendre avec l'empereur byzantin. Mais il nous a déclaré qu'il n'exerce aucun pouvoir sur les Francs, qui en occupant la Palestine agissent dans leurs propres intérêts et œuvrent pour l'instauration de leurs propres Etats. Il nous a déclaré aussi qu'il désapprouve leur entreprise et qu'il reste fortement attaché à son alliance avec nous... Comme vous le savez, nous envisagions de libérer Jérusalem par la voie de la Syrie... Notre armée a en effet occupé Tyr, mais la guerre que Ridhwân ibn Tutush, l'émir d'Alep, a déclenchée contre son frère Daqâq, émir de Damas, affaiblit notre situation et nous empêche de poursuivre notre projet... Mais nous vous promettons de libérer Jérusalem...

(Le calife pose sa main sur sa poitrine et crie de douleur..)

LE PRÊTRE : Calife... Je vous demande la permission de partir.

LE CALIFE : Je vous en prie...

(La calife à nouveau crie de douleur...) (Le prêtre quitte la scène)

Extinction des lumières, puis les lumières reviennent.

Une voix off : Le calife est indisposé. Sa maladie s'aggrave...

LE CHAMBELLAN *(Appelle)*: Le médecin !... Le médecin !... Le médecin !... Faites venir le médecin !

(Le médecin entre... Après avoir examiné le calife, il se tourne vers les dignitaires, l'air attristé, et dit):

LE MEDECIN : Le calife est décédé !!

LES DIGNITAIRES : Il n'y a de force et de puissance qu'en Dieu... Nous sommes à Dieu et à Lui nous revenons... Il n'y a de force et de puissance qu'en Dieu...

(Les dignitaires ôtent en robe et le turban du calife et le transfèrent à l'intérieur de ses appartements... La scène demeure vide quelques instants...)

(Le chambellan entre)

LE CHAMBELLAN *(Appelle)*: Ô Afdhal... Ô Ibn Badr alJamâlî... Ô chef des armées... Le calife est mort...

(Surviennent une agitation et des vois annonçant l'arrivée d'une personnalité importante...)

LES VOIX : Afdhal al-Jamâlî... Afdhal al-Jamâlî...

(Afdhal al-Jamâli entre, portant dans ses bras un enfant de cinq ans. Il l'installe sur le trône du califat, il vêt de la robe, puis lui pose le turban sur la tête...)

LES DIGNITAIRES *(D'une seule voix)*: Qu'est-ce que c'est... Afdhal ?

AL-AFDHAL : C'est le calife Abû `Alî al-Mansûr, fils de feu al-Musta'lî-bi-Allâh, et je l'ai surnommé al-Âmir bi Ahkâm Allâh...

(L'enfant joue à se cacher sous la robe et le turban... Les dignitaires regardent : il éclate en sanglots)

UN DIGNITAIRE : Comment cet enfant pourra-t-il gouverner un pays de six millions d'âmes qui veulent marcher sur l'ennemi en Palestine ??

AL-AFDHAL : Il gouvernera par mon intermédiaire... C'est moi qui dirigerai les affaires...

UN DIGNITAIRE : Vous... Pourquoi ?

AL-AFDHAL : C'est moi qui ai mené le combat en Palestine...

(Ensuite, il s'adresse à la foule) :

AL-AFDHAL : Citoyens... La Palestine vous appelle. Mobilisez-vous pour la guerre ! Mobilisez-vous pour délivrer la Palestine des mains de l'occupant oppressif et brutal !

LES CITOYENS *(Crient)*: Al-Jamâlî... Al-Jamâlî... AlJamâlî...

AL-AFDHAL *(Brandissant son épée)*: En Palestine !...

LES CITOYENS *(Crient)*: Al-Jamâlî... AL-Jamâlî... AlJamâlî...

Extinction des Lumières.

(La scène s'illumine)

(Afdhal al- Jamâlî...debout... Quelques soldats vaincus entrent portant les stigmates de la défaite : blessures, vêtements déchirés; ils crient):

LES SOLDATS : Jamâlî... Nous sommes battus... Jamâlî...

Nous sommes battus... Jamâlî... Nous avons été battus...

AFDHAL AL-JAMÂLÎ : Citoyens, la cause palestinienne est votre cause ! Levez-vous pour libérer la Palestine !... En Palestine !...

LES CITOYENS : Al-Jamâlî... Al-Jamâlî... Al-Jamâlî...

Extinction des lumières.

(La scène s'illumine)

(Afdhal al- Jamâl debout... Des soldats vaincus pour la deuxième fois, portant les traces à la défaite : blessures, vêtements déchirés. ils crient) :

LES SOLDATS : Jamâlî... Nous sommes battus... Jamâlî... Nous sommes battus... Jamâlî... Nous avons été battus !...

AFDHAL AL-JAMÂLÎ : Citoyens... Notre lutte contre l'ennemi est au-dessus de toute autre chose !... Au combat !

(Il brandit son épée et se dirige vers la sortie de la scène...)

LES CITOYENS : Al-Jamâlî... Al-Jamâlî... Al-Jamâlî...

Extinction totale des lumières.

Scène 3

Une voix off : Les années s'écoulent pesantes pour les réfugiés. Les petits Etats francs poursuivent leur agression contre les pays musulmans. A chaque fois, des cités et des territoires tombent successivement entre leurs mains.

(Lorsque la scène s'illumine, la voix dit):

Une voix off : Bagdad, l'an 504 de l'hégire / l'an 1111 ap. J.-C. La mosquée du calife al-Mustazhir-biAllâh, dans le palais du calife, à Bagdad... Vendredi, 14 Cha'bân, 504 de l'hégire / 24 février 1111.

(Le prédicateur est assis dans la chaire. Il se lève et dit):

LE PREDICATEUR : Louange à Dieu, et que le salut soit sur son Prophète !

(Entre un homme, coiffé d'un turban, nommé le cadi Ibn al-Khashab, accompagné d'un groupe d'Alepins... Ils donnent de la voit car les gardiens les empêchent d'entrer...)

LE GROUPE : Laissez-nous entrer dans la mosquée pour prier !... Interdisez-vous la prière dans les mosquées de Dieu ?

(Une grande agitation se produit dans les rangs des orants. Leurs voix s'élèvent, tandis que les gardiens retiennent Ibn al-Khashâb des deux mains)

LE PREDICATEUR : Ô gens... Du calme... Ô gens... Du calme... La personne qui est devant vous est le cadi Ibn alKhashâb. Il est venu d'Alep accompagné d'un petit groupe d'Alépins... Ô Ibn al-Khashâb, la semaine dernière, vous avez attenté à la mosquée du sultan... Vous avez délogé le prédicateur et détruit la chaire... Je suis intervenu personnellement auprès du sultan, en l'honneur des hommes pieux, des savants et de ce noble hachémite qui vous accompagne. Le sultan vous a promis d'envoyer l'armée au secours des musulmans, à Alep... Mais aujourd'hui, en sa présence, vous portez atteinte à la mosquée du calife.

(Un groupe composé de domestiques, de pages, d'odalisques et de membres d'une suite transportant des vêtements luxueux des effets mobiliers, des bijoux et des joyaux, passe derrière les fenêtres de la mosquée, en chantant, en frappant dans les mains et en poussant des cries de joie, « des you...you », qui couvrent la voix du prédicateur..)

UN ORANT *(S'adressant à un autre orant)*: Qu'est-ce que c'est ?

L'AUTRE ORANT : C'est la dame Khâtûn, la sœur du sultan et l'épouse du calife. Elle arrive d'Ispahan...

(C'est alors qu'Ibn al-khashâb jette à terre sa garde et se précipite vers le minbar en bois doré et décoré, orné de gravures et de versets coraniques, pour déloger le prédicateur. minbar se casse et s'écroula avec le prédicateur... Les Alépins protestent contre dame Khatûn et sa suite. C'est alors que le calife se lève et appelle la garde)

LE CALIFE : Soldats ! Arrêtez-les ! Enchaînez-les et Jetez-les en prison ! Où est le sultan Muhammad ?

LE SULTAN MUHAMMAD : Emir des croyants... Je suis ici... Ne vous fâchez pas... Je vous prie de leur pardonner leurs actes... On ne parle, à Baghdad, que de ce qui est arrivé aux musulmans en Palestine.

LE CALIFE : Je ne suis pas fâché parce que mon épouse a été inquiétée... mais en raison de ce que les manifestants crient dans les rues de Baghdad : « L›empereur roumain est plus musulman que l'émir des croyants ! ».

LE SULTAN MUHAMMAD : Les gens visent la lettre de l'empereur roumain parvenue, il y a quelques semaines à la chancellerie, par laquelle il appelle, comme vous le savez, à une coalition pour combattre les Francs et les chasser des pays qu'ils occupent.

IBN AL-KHASHÂB : Emir des croyants... Ils se sont livrés dix- sept mois durant à des massacres. Ils ont tué les hommes et capturé les femmes et les enfants. Ils ont détruit les villes les plus célèbres de la Syrie : Tripoli, Beyrouth et Sidon... Dorénavant, quelle puissance peut les empêcher d'être bientôt à Damas ou au Caire... ou, pourquoi pas, à Bagdad?!

LE CALIFE *(Sur un ton interrogatif)*: Bagdad ?

(Le Sultan Muhammad s'adresse à Ibn al-khashâb):

LE SULTAN MOHAMMAD : Noble magistrat... Nous avons ordonné au prince Mawdûd, émir de Mossoul, de se porter à la tête d'une armée puissante au secours d'Alep.

IBN AL-KHASHÂB : Que Dieu vous bénisse, émir des croyants, et que Dieu vous bénisse, vous aussi, Sultan...

(Il s'adresse aux Alépins):

IBN AL-KHASHÂB *(En criant):* Réjouis-toi, Alep !... Réjouis-toi, Syrie !... Réjouis-toi, Palestine !... La victoire arrive... La victoire arrive !

Rideau.

Scène 4

Une voix off : Alep en 1113 ap. J.-C.

(Le rideau se lève. Des soldats entrent en scène traînant Ibn al-khashâb enchaîné... Ils détachent de ses chaînes et l'abandonnent... Un Alépin entre de lautre côté de la scène. Il regarde fixement Ibn al-khashâb et dit):

L'ALEPIN : Qui est-ce ? Le juge Ibn al-Khashâb ?

IBN AL-KHASHÂB : Ridhwân, le sultan d'Alep, m'a emprisonné, bien que je n'aie commis aucune faute... uniquement parce que je lui ai fait venir les secours de Baghdad. Quand ces renforts sont arrivés, il a fermé toutes les portes de la muraille d'Alep et m'a fait arrêter, ainsi que mes partisans, et nous a jetés dans la prison de la citadelle... Depuis, nous ne savons pas ce qu'il est advenu de cette armée commandée par Mawdûd, émir de Mossoul !

L'ALEPIN : Les chefs militaires sont en désaccord avec le prince Mawdûd ; il est reparti en Irak à la tête de ses troupes.

IBN AL-KHASHÂB : Le prince Mawdûd, l'émir de Mossoul le pays du naphte, ne renoncera jamais au combat !

L'ALEPIN *(Interrogeant)*: Qu'est-ce que c'est que ce naphte ?

IBN AL-KHASHÂB : A mon retour de Bagdad, j'ai rendu visite à ce prince généreux et magnanime, pour l'exhorter à secourir Alep, et j'ai vu le naphte à droite de la route de Mossoul. On voit de loin monter les flammes, lorsqu›on veut le transporter.

L'ALEPIN : Il est vrai que l'émir Mawdûd est un homme magnanime. Il est allé à Damas pour secourir ses frères, mais le vendredi il a été assassiné dans la mosquée...

IBN AL-KHASHÂB *(Crie en disant)*: Ils l'ont tué ?... Ils l'ont tué ? Une nation qui le jour de sa fête tue son chef dans la maison de Dieu mérite que Dieu l'anéantisse... *(Puis ilq dit à Alepin)*: J'irai à Bagdad pour demander au sultan Muhammad d'envoyer une puissante expédition pour mettre un terme à l'agression.

L'ALEPIN: Doucement, Ibn al-Khashâb... L'expédition est déjà là... Et elle est effectivement puissante...

IBN AL-KHASHÂB : Où est-elle à présent ? Et qu'est-ce qu'elle a fait ?

L'ALEPIN : Elle est arrivée pour constater que le maître de Damas, les troupes d'Alep et de Tripoli, pactisent avec l'occupant et combattent côte à côte l'armée du sultan Muhammad...

IBN AL-KHASHÂB : Les troupes d'Alep se tiennent aux côtés de l'ennemi contre les forces du sultan Muhammad ?! Quel déshonneur ! Quel déshonneur !

L'ALEPIN : Mais le sultan Ridhwân est malade...

(Un homme entre en criant):

L'HOMME : Le sultan Ridhwân est mort ! Le sultan Ridhwân est mort !

IBN AL-KHASHÂB *(Crie à son tour)*: Ô Alépins... Révoltez-vous !... Ô Alépins... Révoltez-vous ! Ô Alépins... Révoltez-vous !...

Extinction des Lumières.

Une voix off : Douze ans après...

La scène s'illumine.

(Ibn al-khashâb entre tout fier et dit):

IBN AL-KHASHÂB : Nous nous sommes révoltés... Nous avons installé un nouveau chef à Alep... L'outrecuidance des Francs dépasse les limites de l'absurde. Ils ont dévasté le Sinaï avec une petite armée... Ils ont occupé la ville de Farma et atteint les rives du Nil dans lequel ils se sont baignés... Ils auraient pu aller plus loin !... Afdhal alJamâlî n'a pu se dominer face à cette nouvelle humiliation. Nous, ici, à Alep, nous avons vaincu l'ennemi. Nous lui avons infligé une cuisante défaite à Antioche sur l'Oronte. Je suis intervenu moi-même pour promouvoir l'union entre Alep et Mossoul ; cette union s'est effectivement réalisée ces derniers jours... Elle constituera, par la volonté de Dieu, le noyau d'un Etat fort capable de riposter avec succès à l'outrecuidance des Francs et à leur arrogance... Nous lançons d'ici un appel aux grands dirigeants musulmans, pour combattre les envahisseurs et libérer la Palestine !...

(A cet instant, une personne s'avance et poignarde Ibn al-khashâb en pleine poitrine. Celui-ci, dans la souffrance, prononce la Profession de foi « shahâda»)

IBN AL-KHASHÂB : Je témoigne qu»il n»y a de Dieu qu'Allâh et que Muhammad est son Serviteur et son Prophète.

(Ibn al-khashâb s'écroule. Un groupe d'hommes essaye de lui porter secours tandis qu'un autre groupe se lance à la poursuite du criminel...)

Extinction des lumières.

ACTE III

Scène première

(Bruits de projectiles de catapultes qui tombent...)

Une voix off : La ville de Jérusalem, le 27 Rajab, 583 de l'hégire / 2 octobre 1187 ap. J.-C.

Le rideau se lève.
(Les bruits des projectiles continuent pendant quelques instants. La ville de Jérusalem telle qu'elle apparaît à l'acte I. Du côté du quartier des Maghrébins, entrent avec précipitation deux jeunes hommes habitant Jérusalem)

ISSA : C'est le soulagement...

IBRAHIM : Quatre-vingt-huit ans d'occupation de Jérusalem par les Francs... Quatre-vingt-huit ans d'humiliation et d'abaissement.

ISSA : Mais la délivrance est proche !

IBRAHIM : Quelle délivrance ?

ISSA : La venue de Saladin... Saladin arrive ; ses bombes tombent sans relâche sur les têtes des Francs.

IBRAHIM: Cela signifie donc que Saladin, après en avoir fini avec la Palestine, s'est dirigé vers Sidon et Tyr ; ensuite, il est retourné à Ascalon. Lorsqu'il a occupé Ramla, il a laissé partir le gouverneur, Balian d'Ibelin, qui était son prisonnier ! Alors celui-ci gagna Jérusalem pour y organiser les forces franques... Je croyais que Saladin ne viendrait jamais à Jérusalem.

(Il lève les mains, récite une invocation)

IBRAHIM : Dieu, fais-nous rentrer dans Ta miséricorde, car Tu es le plus miséricordieux des miséricordieux.

Immobilité et silence.

(Ibrahim se livre à des invocations intérieures, en levant les mains. Soudain, une lumière intense comme un éclair accompagnée d'un grondement comme un tonnerre illumine la scène...)

Une voix off : Ce sont les projectiles des catapultes qui s'abattent sur Jérusalem...

(Des soldats francs, commandés par Balian,, entrent à la recherche de musulmans)

BALIAN *(En émoi)*: Saladin a pris d'assaut Jérusalem... *(Il ajoute, interrogatif)*: Combien de musulmans avez-vous rassemblés ?

UN SOLDAT : Cinq mille

BALIAN *(Désignant Ibrahim et Issa)*: Emmène ces deux-là avec eux.

(Balzan regarde depuis la scène, tandis que Saladin pénètre

dans la salle du théâtre accompagné d'un groupe d'hommes. Ils s'avancent vers la scène sous les projecteurs... Lorsque Saladin arrive devant la scène, il dévisage Balian et dit):

SALADIN : Qui est-ce ? Balian ? Vous m'avez menti, Balian... Lorsque je vous ai libéré vous m'avez demandé la permission de vous rendre à Jérusalem pour ramener votre épouse et vos enfants. Vous avez juré de n'y passer qu'une seule nuit. Et maintenant, c'est vous qui commandez les troupes à Jérusalem ?!

BALIAN : Je suis délégué par les Francs pour négocier avec vous. Nous sommes prêts à payer cent mille dinars.

(Saladin prend la main de Balian,, le fait descendre de la scène, puis il désigne le côté droit et dit):

SALADIN: Regardez les bannières jaunes qui commencent à flotter sur les murs de Jérusalem.

(Ensuite, il désigne la côté gauche et dit):

SALADIN : Regardez le drapeau que mes hommes hissent sur la brèche qu'ils ont faite dans l'ancien mur. Une ville conquise peut-elle poser des conditions pour conclure la paix ?

(Quelques soldats de Saladin entrent amenant des chefs francs faits prisonniers. Ils se prosternent devant Saladin)

BALIAN : Sultan... dans la ville il y a des hommes, dont Dieu seul connaît le nombre, qui n'abandonnent le combat qu'en espérant obtenir la sécurité et la paix. S'ils désespèrent d'obtenir un pacte de sécurité l 'amân, s'ils ne peuvent compter sur vos bienfaits dont tant d'autres bénéficièrent, ils iront au devant de la mort.

(Saladin et ceux qui l'accompagnent montent sur la scène, l'air vainqueur et conquérant)

SALADIN : Les chrétiens de Jérusalem sont autorisés à résider dans le pays. Ils jouiront de leurs droits civils intégralement... Savez-vous qu'ils correspondaient avec moi, me sollicitant de délivrer Jérusalem des Francs ?! Quant aux Francs et aux Latins qui ne sont pas des guerriers et qui souhaitent demeurer en Palestine, ils devront y séjourner en tant que sujets. Les combattants eux, ils doivent quitter la Palestine. Nous garantirons leur sécurité jusqu'au littoral de la Syrie, sous la garde de mes soldats. Ils doivent s'acquitter d'une rançon... Dix dinars syriens par homme... cinq par femme... et un dinar seulement par enfant. Celui qui est dans l'incapacité de payer la rançon sera mis en prison. En outre, vous devez partir dans un délai de quarante jours.

BALIAN : Nous acceptons ces conditions.

SALADIN : Emmenez vos hommes et partez.

(Les chefs francs s'en vont)

SALADIN *(Saladin s'adresse aux chefs militaires)*: Chefs... venez, que je vous transmette mes instructions concernant les mesures qu'il faut prendre pour l'administration de la ville de Jérusalem.

(Le commandant d'un détachement de soldats les appelle. Ils se regroupent)

LE COMMANDANT : Soldats !... Garde -à- vous !...

(Les soldats gagnent la scène. Saladin les passe en revue... Après avoir terminé l'inspection, il se met en face d'eux et dit):

SALADIN : Vous devez veiller à la sécurité de chaque maison et la protéger du pillage. Vous devez aussi garantir la sécurité des personnes pour que nul ne subisse le moindre préjudice... Vous devez garder les routes et les portes de la ville. Vous devez protéger les chrétiens contre toute agression... Les chefs d'escadrons doivent distribuer aux Francs, malades, vieux ou nécessiteux, de l'argent et des montures. Je vous recommande de prendre soin des faibles, de traiter les femmes avec déférence et les enfants avec bienveillance...

(Dès que Saladin a terminé de parler, une voix dit):

LE PATRIARCHE : Laissez-moi !... Laissez-moi ! Que voulez-vous de moi ?

LE COMMANDANT DU GROUPE : Ce sont les ordres de Saladin... Nous ne vous laisserons pas partir avec tout cet argent.

SALADIN : Qu'est-ce qu'il se passe ici ?

LE COMMANDANT : Sultan, c'est le patriarche Héraclès. Il veut quitter Jérusalem emportant avec lui de l'argent et des bijoux. Je pense, Sire, qu'il faut lui confisquer ces biens et les utiliser pour renforcer l'Etat musulman.

SALADIN : Non... Je ne le trahirai pas.

(Saladin s'avance, prend dix dinars au patriarche et lui fait signe de partir...)

SALADIN : Vous pouvez maintenant partir en emportant ce que vous avez.

UN COMMANDANT *(En regardant les dix dinars dans la main de Saladin)*: Dix dinars seulement ?

SALADIN : La loyauté vaut mieux.

VOIX D'UNE JEUNE FILLE *(Elle crie contre des soldats dans les coulisses)*: Laissez-moi ! Laissez-moi !

SALADIN : Qui est cette jeune fille en colère ?

LE COMMANDANT DU GROUPE : Sire... C'est une jeune fille française qui fait partie des prisonniers que vous avez libérés... Elle désire vous parler.

SALADIN : Laissez-la s'approcher...

(La jeune fille s'avance vers Saladin et lui dit courroucée):

LA JEUNE FILLE : Vous êtes un criminel, un assassin... Vous avez tué mon père et vous avez emprisonné mes deux frères. Il ne me reste aucun soutien. Et maintenant, vous daignez me relâcher pour accroître mon malheur !

(Saladin sourit, s'adresse aux soldats et dit):

SALADIN : Amenez ses deux frères immédiatement et libérez-les. *(Il se tourne vers la jeune fille et lui explique calmement)* . Votre père a trouvé la mort dans une guerre que vous avez déclenchée contre des gens paisibles. Quant à vos frères, je les libère en l'honneur d'une femme qui a besoin d'un soutien.

LA JEUNE FILLE : Pardon, Sultan... La violence de ma colère résulte de ce que j'entendais dans mon pays sur l'iniquité des musulmans, et de ma tristesse pour mon père... Je vous prie d'avoir la munificence de me pardonner et de m'accorder votre grâce.

(Le commandant du groupe s'adresse de nouveau à Saladin)

LE COMMANDANT DU GROUPE : Nous avons libéré ses frères...

SALADIN *(S'adressant à la jeune fille)*: Vous pouvez rejoindre vos frères...

LA JEUNE FILLE : Je vous remercie, noble Sultan. Une nouvelle fois, je sollicite votre pardon et votre grâce.

SALADIN : Où allez-vous, maintenant ?

LA JEUNE FILLE : Je retourne dans mon pays.

SALADIN : Que direz-vous à vos compatriotes ?

LA JEUNE FILLE : Je dirai, à ceux qui sont fanatiques, la vérité sur l'islam et les musulmans.

(A cet instant, se déclenche l'appel à la prière)

LE MUEZZIN : Dieu est Grand... Dieu est Grand...

Extinction des lumières.

Scène 2

Une voix off : La ville de Jérusalem, l'an 627 de l'hégire/ 1229 ap. J.-C., trente-deux ans après sa libération par Saladin.

(Sur la scène, dans le quartier des Maghrébins, Ibrahim vieilli, barbe blanche, est assis adossé à un mur. Arrive Issa, lui aussi l'air vieilli)

ISSA : Que le salut soit sur toi, frère Ibrahim !

IBRAHIM : Que le salut et la miséricorde de Dieu soient sur toi ! Quelles sont les nouvelles, Issa ?

ISSA : On dit qu'al-Kâmil, sultan d'Egypte, a dépêché son messager, l'émir Fakhral-DînYûsuf, au nord de la Syrie pour négocier avec l'empereur qui est déjà sur place.

IBRAHIM : Est-ce un Franc ?

ISSA : Oui.

IBRAHIM : Il y a huit ans, lorsque les Francs occupèrent Damiette, ce Kâmil leur a cédé toute la Palestine contre l'évacuation de Damiette !

ISSA : Oui, mais lorsqu'ils ont rejeté sa proposition parce qu'ils réclamaient beaucoup plus que la Palestine, il leur a fait la guerre et les a battus...

IBRAHIM : C'est vrai, il les a vaincus... mais il a signé avec eux un traité de paix.

UN INDIVIDU *(Qui appelle de loin)*: Ô habitants de Jérusalem... C'est le juge Shams al-Dîn, cadi de Naplouse... Il est dépêché par le sultan al-Kâmil, sultan de l'Egypte et de la Syrie, pour livrer Jérusalem à l'empereur.

(A ce moment, les deux Vieux Ibrahim et Issa, se dressent)

IBRAHIM *(S'adressant à Issa)*: Entendez-vous ?

ISSA : Oui...

L'INDIVIDU *(Entre en scène en appelant)*: Ô habitants de Jérusalem... C'est le juge Shams al-Dîn, cadi de Naplouse, dépêché par le sultan al-Kâmil, sultan de l'Egypte et de la Syrie, pour livrer Jérusalem à l'empereur.

(Le cadi Shams al-Din entre, portant les clefs de Jérusalem et le traité conclu entre al-Kâmil et l'empereur. Avec le cadi, entrent l'empereur, sa suite et les habitants de Jérusalem. Ces derniers se regroupent)

SHAMS AL-DÎN : Ô habitants de Jérusalem... Le sultan al-Kâmil a signé avec l'empereur un traité de paix dont voici les articles : Les croisés obtiendront Jérusalem,

Bethléem, Nazareth, Djénine et Sidon. Jérusalem demeure telle quelle, sans modification aucune. Sa muraille ne devra pas être restaurée. Les villages composant la province de Jérusalem demeurent entre les mains des musulmans. Les Francs n'y exerceront aucun pouvoir. Demeure aussi entre les mains des musulmans al-Haram al-Sharîf (l'Enceinte Sacrée), y compris le Rocher et la Mosquée al-Aqsâ, dont l'accès sera interdit aux Francs, sauf pour visites, et qui sera administré par des responsables musulmans pour y accomplir les rites de l'islam : l'appel à la prière et la prière. Mais, ô habitants de Jérusalem... sur ordre du sultan al-Kâmil, on doit suspendre l'appel à la prière pendant la durée du séjour de l'empereur Frédéric II à Jérusalem, afin de ne pas froisser ses sentiments.

(Ensuite, le cadi Shams al-Din remet les clefs de Jérusalem à l'empereur provoquant les cris et les lamentations des femmes, tandis que les hommes protestent en criant : Dieu est Grand)

UN HOMME : Il n'y a de Dieu qu'Allah !... Pourquoi tout cela ? Ne livrez pas Jérusalem !... Ne suspendez pas l'appel à la prière à la mosquée Al-Aqsâ !

(L'appel à la prière commence)

(Des groupes d'habitants de Jérusalem reprennent l'appel à la prière avec le muezzin...)

LE GROUPE : Dieu est Grand... Il n'y a de Dieu qu'Al-lâh... Muhammad est son Prophète...

(A ce moment, la colère des gens éclate. Les imams et les muezzins font tous l'appel à la prière.

On frappe les habitants au moyen de lances et d'épées. Ils ripostent par des jets de pierre... Les uns sont arrêtés, d'autres blessés ou tués...

Le groupe emporte ses martyrs et s'en va répétant):

LE GROUPE : Dieu est Grand... Dieu est Grand...

Extinction totale des lumières.

Eclairage de nouveau.

Une voix off : Le traité est mis en application, un crieur l'annonce à Jérusalem :

LE CRIEUR : Que les musulmans quittent Jérusalem ! Jérusalem est livré aux Francs !...

(Les soldats chassent les musulmans, qui pleurent se lamentent et crient. L'empereur Frédéric II se fait couronner et déclare à ses soldats):

L'EMPEREUR : Remerciez Dieu et louez-le ! Il vous a comblés de ses bienfaits par la reprise de Jérusalem, du fait d'un miracle et non par le courage et la guerre. Et ce que Dieu a accompli, aucune force humaine sur terre n'a pu l'accomplir... ni par le nombre des soldats ni par la puissance des armes, ni par quelque autre moyen.

(A ce moment, trois groupes de chrétiens protestent)

PREMIER GROUPE *(les chrétiens extrémistes)*: Jérusalem n'a pas été repris par la force des armes. Les musulmans gardent encore leur foi. Au cours de la cinquième croisade, le sultan al-Kâmil a proposé de céder toute la Palestine. Nous réclamons l'annexion de la Transjordanie.

DEUXIEME GROUPE *(les templiers)* : Nous protestons contre le maintien du temple entre les mains des musulmans !

TROISIEME GROUPE *(les nobles locaux)* : Les frontières ne sont pas convenables ; elles ne sont pas viables.

(L'empereur Frédéric II se fraye un chemin au milieu des protestations)

L'EMPEREUR : Je vais assister à la messe dans l'église du Saint-Sépulcre.

Extinction des lumières.

Scène 3

Une voix off : La ville de Jérusalem, l'an 642 de l'hégire / 1244 ap. J.-C.

(Un vieillard s'assoit, en compagnie d'un camarade)

LE 1er VIEILLARD : Quelle amère réalité... Ô Jérusalem?! Quinze ans d'occupation, d'humiliation et d'abaissement... Ô Jérusalem... Qui libérera Jérusalem ?! Ces Etats qui s'entre-déchirent ?...

LE 2ème VIEILLARD : Qui libérera Jérusalem ?! Ces cœurs adverses ?... Qui libérera Jérusalem ?! Qui libérera Jérusalem ?...

(On entend les voix de deux groupes d'hommes, qui s'avancent de l'arrière de la Salle par les deux travées dans les rangs des spectateurs. Chaque groupe est mené par son chef)

LES DEUX GROUPES : Au combat !... Au combat !...

LE CHEF DU PREMIER GROUPE : Pour la cause de Dieu !

LES DEUX GROUPES : Au combat !... Au combat !...

LE CHEF DU DEUXIEME GROUPE : Pour la cause de Dieu !

(On continue de lancer des slogans)

LE 1 er VIEILLARD : Qui se tourne vers son camarade interrogatif : Quelles sont ces clameurs ?

LE 2ème VIEILLARD : *(En regardant depuis la scène)*: Regardez !... Regardez !... Ce sont les musulmans khwârizmis, ces hommes puissants : Mille combattants qui ont libéré les villes et chassé les Francs... Dieu est Grand !... Dieu est Grand !...

LE 1 er VIEILLARD : Ô Jérusalem... La victoire est proche... Ô Jérusalem... La victoire est proche.

(En entendant ces cris, les Francs se regroupent. Le vieillard et son camarade sont tués, tandis que les deux groupes de musulmans occupent la scène en scandant les mêmes slogans. Une bataille se déroule entre les deux camps. Vaincus, Francs laissent sur le champ de bataille quelques morts. Le drapeau franc tombe au sol. Un groupe de francs s'enfuit dans la salle au milieu du pu6lic)

LES DEUX GROUPES DE MUSULMANS *(répètent)*: Dieu est Grand... Dieu est Grand...

LES HABITANTS DE JERUSALEM : DieuestGrand...Gloire à Dieu...Dieu, le Seul, l'Unique... Gloire à

Dieu, de l'aube au crépuscule... Il a accompli sa promesse, Donné la victoire à ses serviteurs, Et la puissance à ses combattants !... Il a vaincu seul les factions... Avant Lui le néant, et après Lui le néant...

(Tandis que l'invocation continue, une personne du groupe s'énerve, saisit le drapeau franc et le brandit. Ses camarades essayent de le lui reprendre, cependant que l'invocation se termine.)

(Un Franc parmi ceux qui ont fui dans la salle dit):

UN FRANC : Notre drapeau est hissé haut !...

UN DEUXIEME FRANC : Les Francs ont vaincu.

UN TROISIEME FRANC : Retournons à Jérusalem !...

(Le groupe de Francs se dirige vers la scène où se déroule un combat durant lequel ils trouvent mort)

LES DEUX GROUPES DE MUSULMANS *(pètent)*: Dieu est Grand... Dieu est Grand...

LES HABITANTS DE JERUSALEM : Dieuest Grand... Gloire à Dieu... Dieu, le Seul, l'Unique... Gloire à Dieu, de l'aube au crépuscule...Il a accompli sa promesse, Donné la victoire à ses serviteurs, Et la puissance à ses combattants !... Il a vaincu seul les factions... Avant Lui le néant, et après Lui le néant...

Rideau.

FIN

www.ingramcontent.com/pod-product-compliance
Ingram Content Group UK Ltd.
Pitfield, Milton Keynes, MK11 3LW, UK
UKHW021958190726
13853UKWH00004B/1599

9 789948 240181